AF595295

CATALOGUE
DE
DESSEINS A LA PLUME,

Lavez, & en Detrempe, faits par différens Maitres renommez.

DE MINIATURES

REPRÉSENTANS DES ANIMAUX, OISEAUX, FLEURS, FRUITS, REPTILES, INSECTES, PAPILLONS, COQUILLAGES, &c. &c.

Par HENSTENBURG, BRONKHORST, HOLSTEIN, WITHOOS, VAN VEEN, M: S: MERIAN, & autres.

DE DESSEINS INDIENS

EN MIGNATURE, D'UNE BEAUTÉ SINGULIÈRE, *représentans*, DES CHASSES, FETES, ET FESTINS, D'HOMMES ET FEMMES; DES PORTRAITS D'EMPEREURS, ROIS, ET GRANDS DU MOGOL, INDOSTAN, GOLCONDE, VISAPOUR ET AUTRES;

DU CABINET DE MONSIEUR LE

COMTE DE WASSENAER D'OBDAM &c. &c.

Dont la Vente Publique se fera dans la Maison de ce Seigneur *le* 19. *Août* 1750.

A LA HAYE,

PAR PIERRE DE HONDT.

R. F.

AVERTISSEMENT.

LES *Desseins & Mignatures, où l'on n'a point ajouté le mot* Parchemin, *sont sur du Papier.*

Les Acheteurs seront obligez d'ajouter 14½ *Dutes à chaque Florin.*

Le payement se fera en Argent Blanc & non en Or.

On ne delivrera aucune Pièce, que contre de l'Argent comptant.

Si quelqu'un neglige de retirer, dans l'espace d'un Mois après la Vente, ce qu'il y aura acheté, il sera libre au Vendeur de le revendre sans aucune Formalité Juridique: a charge que, s'il en vient moins, la perte & les fraix seront pour compte du premier Acheteur, & s'il en vient plus, ce profit sera à l'avantage du Vendeur.

B E.

BERIGT.

DE Teekeningen en Miniatures, daar het woord *Parkément* niet bygevoegt is, zyn op Papier.

De Koopers ſullen verpligt zyn, by ieder Gulden der Kooppenningen te voegen 14$\frac{1}{2}$. Duiten.

De Betaelinge ſal gedaen worden in Hollands Silver Geld, en niet in Goud.

Men ſal geen Stukken afleeveren als teegens Contante Betaelinge.

Indien iemand in gebreeke blyft het gekogte binnen een Maend na de Verkooping af te haelen en te betaalen, ſal het aen den Verkooper vry ſtaen het ſelve ſonder eenige Regtspleeging wederom aen anderen te verkoopen, en indien 'er minder van mogt koomen, ſal het zelve, mitsgaders de onkoſten daer op loopende, zyn ten laſte van den eerſten Kooper; dog indien 'er meerder van mogt koomen, zal zulks zyn ten voordeele van den Verkooper.

CATA-

CATALOGUE
DE
DESSEINS A LA PLUME.

Livre A.

TESTE CAPRICIOSE DI LIONARDO DA VINCI, *ou Caricatures, consistant en Têtes Bizarres, dessinées à la plume par ce fameux* Peintre, in Folio en veau. *Ces Desseins sont plaquez deux à deux sur chaque feuille du Livre; chaque Dessein represente deux Têtes & seront vendues par paires, selon les numeros marquez sur chaque feuille.*

Boek *A*.

TESTE CAPRICIOSE DI LIONARDI DA VINCI, bestaende in Bizarre Koppen en Tronien, origineel door dien vermaerden Schilder met de pen geteekent; zeer raar; Folio *franse band*: de Teekeningen zyn twee aan twee op een blad geplakt; ieder Teekening verbeeld twee Koppen; en zullen verkogt worden by paeren na de nommers op ieder blad gemerkt, als volgt.

1 { *Deux Desseins, chacun à deux Têtes.*
Twee Teekeningen, ieder met twee Koppen.

2 Twee dito.
3 Twee dito.
4 Twee dito.
5 Twee dito.
6 Twee dito.
7 Twee dito.
8 Twee dito.
9 Twee dito.
10 Twee dito.
11 Twee dito.
12 Twee dito.
13 Twee dito.
14 Twee dito.
15 Twee dito.
16 Twee dito.
17 Twee dito.
18 Twee dito.
19 Twee dito.
20 Twee dito.
21 Twee dito.
22 Twee dito.
23 Twee dito.
24 Twee dito.
25 Twee dito.
26 Twee dito.
27 Twee dito.
28 Twee dito.
29 Twee dito.

30 Twee

30 Twee dito.
31 Twee dito.
32 Twee dito.
33 Twee dito.
34 Twee dito.
35 Twee dito.
36 Twee dito.
37 Twee dito.
38 Twee dito.
39, 40 Drie dito.

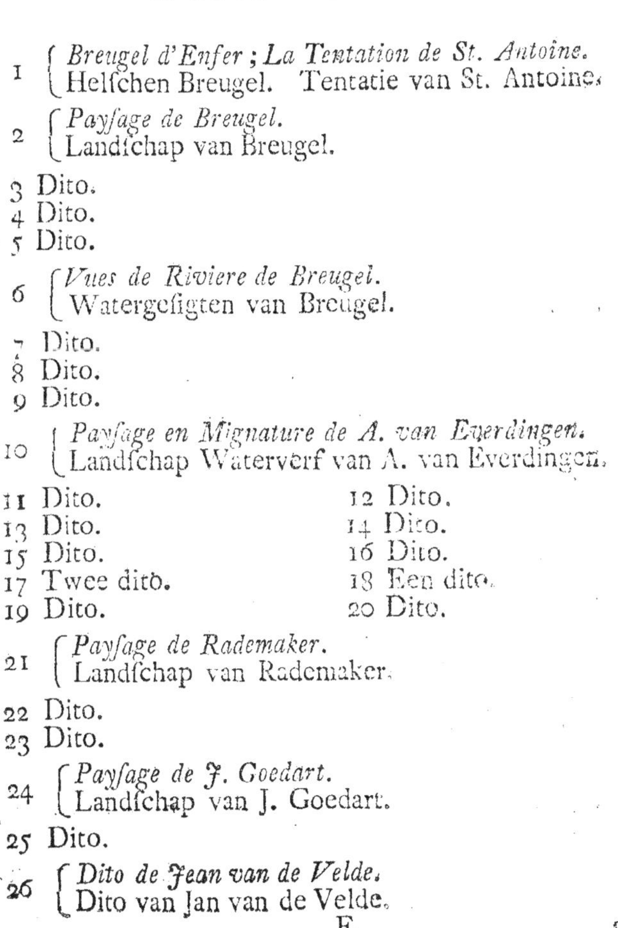

Porte Feuille B.

1 *Breugel d'Enfer ; La Tentation de St. Antoine.*
Helſchen Breugel. Tentatie van St. Antoine.

2 *Payſage de Breugel.*
Landſchap van Breugel.

3 Dito.
4 Dito.
5 Dito.

6 *Vues de Riviere de Breugel.*
Watergeſigten van Breugel.

7 Dito.
8 Dito.
9 Dito.

10 *Payſage en Mignature de A. van Everdingen.*
Landſchap Waterverf van A. van Everdingen.

11 Dito.
12 Dito.
13 Dito.
14 Dito.
15 Dito.
16 Dito.
17 Twee dito.
18 Een dito.
19 Dito.
20 Dito.

21 *Payſage de Rademaker.*
Landſchap van Rademaker.

22 Dito.
23 Dito.

24 *Payſage de J. Goedart.*
Landſchap van J. Goedart.

25 Dito.

26 *Dito de Jean van de Velde.*
Dito van Jan van de Velde.

27 Dito.
28 Dito.

29 *Dito d'Esaïe van de Velde.*
Dito Esayas van de Velde.

30 *Dito le Bord de la Mer.*
Dito Strand.

31 *Onze Figures de H. Sagtleeven.*
Elf Beeldjes van H. Sagtleeven.

32 *Une Vue d'apres Nature, par le même.*
Gesigt na 't Leeven, van denselven.

33 Dito.
34 Dito.
35 Dito.
36 Dito.
37 Dito.

38 *Dito Vue sur le Rhin.*
Dito Rhyn Gesigt.

39 *Dito Vue dans le Tirol.*
Dito Gesigt in Tirol.

40 *La Tour aux Rats, de Sagtleven.*
Dito Sagtleeven, de Muise Toorn.

41 *Dito Vue sur le Rhin.*
Dito Ryn Gesigt.

42 Dito.
43 Dito.
44 Dito.

45 *Dito une Ville sur le bord d'une Riviere.*
Dito een Stad aan een Rivier.

46 *Dito Vue sur le Rhin.*
Dito Ryn Gesigt.

47 *Dito Paysage.*
Dito Landschap.

48 Dito.
49 Dito.

50 *Dito Corn. Sagtleeven; une Maison de Paysan, avec des Figures, sur Velin.*
Dito Cornelis Sagtleeven, Boere Huis met figuren, op Parkement.

51 Dito

51 *Dito une Grange.*
Dito Boere Schuur.

52 *Dito Paysage, par Doomer.*
Dito van Doomer, Landschap.

53 Dito.

54 *Dito vander Hagen, Maisons de Paysans, avec beaucoup d'Accompagnemens.*
55 Dito van der Hagen, Boere Huisen met bywerk.

56 *Vue de Mer par Vitringa.*
Zee gesigt van Vitringa.

57 Dito.
58 Dito.

59 *Vue d'une Ecluse par Sonnius.*
Gesigt van Sonnius, een Sluis.

60 *Paysage de Paul Bril.*
Landschap van Paul Bril.

61 Dito.
62 Dito.

63 *Dito de Ruysdael, un Moulin a Eau.*
Dito van Ruysdael, een Watermolen.

64 *Dito Paysage.*
Dito Landschap.

65 Dito.

66 *Brouwer, une Compagnie de Paysans.*
Brouwer, Boere Geselschap.

67 *Paysage de P. Moninx; les Murailles d'une Ville, des Clochers, des Bateaux.*
Landschap van P. Moninx, een Stads Muur en Toorens, Scheepen.

68 *Dito un Porte à l'Antique, &c.*
Dito Antykse Poort enz.

69 *Dito de Nieuland, un Edifice Antique.*
Dito van Nieuland Antick Gebou.

70 *Une Fille, par Slingeland.*
Een Meisje, van Slingeland.

71 Dito.

72 *Un Homme écrivant à la Chandelle.*
Een man Schryvende by de Kaers.

73 *A. Bloemart, une Vielle.*
A. Bloemart, een Oude Vrou.

74 *Dito, le Sacrifice d'Abraham.*
Dito Abrahams Offer.

75 *A. Meyering, des Montagnes & des Cascades d'après Nature.*
A. Meyering, Berg Gesigt, Watervallen, na 't Leeven.

76 *Deux portraits, par Eekhout.*
77 Van Eekhout twee portraiten.

78 *Deux Têtes, par Goltzius, sur du Velin.*
H. Goltzius, twee Hoofden, parkement.

79 *Un portrait extrêmement fini, par Bailly, sur du Parchemin.*
Bailly een portrait zeer uitvoerig op Parkement.

80 *Un Paysage, & une Riviere, extrêmement finis, par M. Cock.*
Van M. Cock Landschap en Rivier, uitvoerig.

81 Dito.

82 *Paysage, par Vroom.*
Dito van Vroom, Landschap.

83 Dito.

84 *Une Etude, par Metzu.*
Een Studie van Metzu.

85 *Vue d'une Riviere, avec des Bateaux, par van Campen le Muet.*
Van Stomme van Campen, Watergesigt met Scheepen.

86 *Van Gayen, Vue de Schakenbosch, entre la Haye & Leyden.*
Van Gayen, Gesigt van Schakenbosch.

87 *Dito Paysage.*
Dito Landgesigt.

88 Dito.
89 Dito.

90 *Un ancien Batiment par van Berchem.*
Dito van Berchem oud Gebou.

91 *Une*

91 *Une Tête, très bien travaillée.*
Een Kop zeer uitvoerig.

92 *Paysage de A. van Everdingen.*
Landschap A. van Everdingen.

93 *Bord de la Mer, par W. Schellings.*
Strand van W. Schellings.

94 *Vue d'Arum, Paysage en Frise.*
Gesigt van Arum, Dorp in Friesland.

95 *Une Tête.*
Een Kop.

96 *Quatre Têtes, par de Geyn.*
Vier Koppen van de Geyn.

97 *Vue de Meydregt.*
Gesigt van Meydregt.

98 *La Maison de Wulven.*
't Huis te Wulven.

99 *Vue de Hermanstein, près de Coblens.*
Gesigt van Hermanstein by Coblens.

100 *Le Chateau* Paltz *dans le Rhin.*
Casteel *Paltz* in den Ryn.

101 *Figures de Rembrant.*
Rembrant Figuren.

102 Dito.

103 *Une Tête.*
Een Kop.

104 *Une Vielle par C. Visscher.*
Van C. Visscher, een Oude Vrou.

105 *Dito, d'un Jeune Homme.*
Dito, van een Jongeling.

106 *Dito, d'un Veillard, très fini.*
Dito Oud, Man Uitvoerig.

107 *Paysage de J. C. Visscher.*
Landschap van J. C. Visscher.

108 Dito.
109 Dito.
110 Dito.
111 Dito.
112 Dito.
113 Dito.
114 Dito.
115 Dito.

116 Dito.

117 *Du Sart, des Paysans qui se battent.*
Du Sart, Vegtende Boeren.

118 *Dito, Paysan dormant.*
Dito, Slapende Boer.

119 *Dito, Paysan fumant.*
Dito, Rokende Boer.

120 *Dito, Paysan dormant.*
Dito, Slapende Boer.

121 Dito.

122 *Dito lavé, Nôce de Paysan, remplie de figures.*
Dito Gewasse, Boere Bruiloft vol beelden.

123 *Dito un petit Chien, dormant.*
Dito een Hondje Slapende.

124 *Dito, le même sujet.*
Dito het selve.

125 *Rembrant, Portrait.*
Rembrant, Portrait.

126 *Holbeen, Portrait.*
Holbeen, Portrait.

127 *Bisschop d'après Holbeen, le Portrait d'Eduart VI.*
Bisschop na Holbeen, Portr. van Eduart de VI.

128 *Rubbens, deux Têtes.*
Rubbens, twee Koppen.

129 *Une Tête de BW.*
Een Kop van BW.

130 Dito.

131 *Ostade, Compagnie de Paysans.*
Ostade, Boere Geselschap.

132 *Dito, deux Figures.*
Dito, twee Figuren.

133 *Dito, Ecole de Paysans.*
Dito, Boere School.

134 *Dito, Compagnie de Paysans, celebrant la Fêtedes Rois.*
Dito, Boere Geselschap 3. Konings Avond.

135 *Dito, Paysans qui dansent.*
Dito, Boere-Danssen.

136 *Dito, Cuisine de Paisans.*
Dito, Boere Keuken.

137 *Dito, Compagnie de Paysans.*
Dito, Boere Geselschap.

138 Dito.

139 *V: Stellingwerf, un Village & une Eglise.*
V: Stellingwerf, Dorp-gezigt en Kerk.

140 Dito.

141 Dito.

142 Dito.

143 *J. van Gooyen, une Riviere avec des Bateaux.*
J. van Gooyen, Water-gezigt.

144 *J. van der Ulft, vue de la Porte d'une Ville.*
J. van der Ulft, gezigt van een Stads-Poort.

145 Dito.

146 *De Heusch, Paysage.*
De Heusch, Landschap.

147 *Molyn, un Hyver, & des Gens qui courent en Patins sur la Glace.*
Molyn, een Winter met Schaets-Ryders &c. &c.

148 *Rembrant, une Maison de Paysan.*
Rembrant, Boeren Huis.

149 *Dito, une Nuit, avec deux Figures.*
Dito, Nagtstuk met twee Fig.

150 *Quatre Pièces, avec des Têtes Italiennes.*
Vier Stuks met Italiaanse Koppen.

151 *Quatre Dito.*
Vier Dito.

152 *Quatre Dito.*
Vier Dito.

153 *15 Pièces de diverses sortes de Representations Orientales & du Pays du Mogol, très-belles.*
15 Stuks verscheide soorten Oost-Indische en Mogolsche Verbeeldingen, zeer fraey.

154 *Un dito Portrait, entouré d'Ornemens.*
Dito Portrait met Ornamenten rondsom.

155 Twee Dito.

156 *Un*

156 *Un Dito, le Roi de Visapour.*
Een Dito Koning van Visapour.

157 Dito.
158 Dito.

159 *Dito, un Roi de Perse.*
Dito Koning van Persien.

160 *Dito, Roi de Visapour.*
Dito Koning van Visapour.

161 *Dito, un Roi de Siao.*
Dito Koning van Siao.

162 *Dito, le Fils de Auranzeb.*
Dito Zoon van Auranzeb.

163 *Dito un Roi de Visapour.*
Dito Koning van Visapour.

164 *Dito un Roi de Golconda.*
Dito Koning van Golconda.

165 Dito.

166 *Dito, un Roi de l'Indostan.*
Dito Koning van Indostan.

167 *Dito un Roi de Golconda.*
Dito Koning van Golconda.

168 *Dito Portrait, de Figure Ovale plus grand, & enrichi d'Ornemens, avec le nom de celui qui y est représenté.*
Dito Portrait Ovael, met Ornamenten, grooter Formaet, met de Naem der Persoon.

169 Dito.
170 Dito.
171 Dito.
172 Dito.
173 Dito.
174 Dito.
175 Dito.
176 Dito.
177 Dito.
178 Dito.
179 Dito.

180 *Dito le Grand Mogol.*
Dito den Grooten Mogol.

181 *Dito, son Frère.*
Dito zyn Broeder.

182 *Dito, un Roi de Golconda.*
Dito Koning van Golconda.

183 Di-

183 *Dito, Portrait.*
Dito Portrait.

184 Dito.
185 Dito.
186 Dito.
187 Dito.
188 Dito.
189 Dito.
190 Dito.
191 Dito.
192 Dito.
193 Dito.
194 Dito.
195 Dito.
196 Dito.
197 Dito.
198 Dito.
199 Dito.
200 Dito.
201 Dito.
202 Dito.
203 Dito.

204 *Dito Portrait, un peu plus grand.*
Dito Portrait, een weinig grooter formaet.

205 *Dito, un Roi de Visapour.*
Dito Koning van Visapour.

206 Dito.
207 Dito.
208 Dito.
209 Dito.
210 Dito.

211 *Dito encore plus grand.*
Dito nog grooter formaet.

212 Dito.
213 Dito.
214 Dito.
215 Dito.
216 Dito.
217 Dito.
218 Dito.
219 Dito.
220 Dito.
221 Dito.
222 Dito.
223 Dito.
224 Dito.
225 Dito.
226 Dito.
227 Dito.
228 Dito.
229 Dito.
230 Dito.
231 Dito.
232 Dito.

233 *Un Dessein très-singulier d'un Chameau, dont tout le Corps est composé d'Hommes & d'Animaux; & sur le Chameau se trouve une Figure, assise dans un Palanquin.*
Singuliere Teekening van een Cameel, waar van het geheele Lichaam is saemgestelt van Menschen en Dieren; op de Cameel zit een Figuur, in een Palanquin.

234 *Dito, représentant deux Elephants qui se battent.*
Dito verbeeldende twee Vegtende Oliphanten.

235 *Deux Patriarches de l'Eglise Grecque, dessinés d'après Nature à Moscou, en 1666.*
Twee Griekſche Patriarchen, tot Moſcou na 't Leeven Geteekent, An°. 1666.

236 *Corn. du Sart; Représentations Satyriques de Prêtres & de Moines, très-gaillardement & proprement sur du Velin.*
Cornel. du Sart, Satyrique Verbeeldingen van Papen en Monniken, zeer aardig en uitvoerig, Parkem.

237 Dito.
238 Dito.
239 Dito.
240 Dito.
241 Dito.
242 Dito.
243 Dito.
244 Dito.
245 Dito.
246 Dito.
247 Dito.
248 Dito.
249 Dito.

250 *Le Buste d'une Vielle.*
Een Borſtſtuk van een oude Vrouw.

251 *Deux Paysans Fumans.*
Rookende Boeren, een Paer.

252 *Deux dito.*
Twee dito.

253 *Un Paysan qui Boit, sur du Papier.*
Een drinkende Boer, op Papier.

254 *Un Paysan qui Fume.*
Rookende Boer.

255 *Un Paysan Buvant.*
Drinkende Boer.

256 *Un Paysan Fumant.*
Rookende Boer.

257 *Une Paysane, avec un Enfant sur ses Genoux.*
Boerin met haar Kint op de Schoot.

258 *Des Musiciens de Village.*
Boeren Muſicanten.

259 *Un Maitre d'Ecole de Village.*
Boeren Schoolmeeſter.

260 *A. van Oſtade, quatre Payſans qui boivent & qui fument.*
A. van Oſtade, vier rookende en drinkende Boeren.

261 *Donop, une Feuille avec diverſes ſortes de Fruits, ſur du Papier Bleu.*
Donop, een Blad met verſcheiden ſoorten van Vrugten, op Blaeu Papier.

262 *Portrait du Prince Maurice d'Orange, dont tous les Traits ſont faits d'une Ecriture très-fine.*
Portrait van Maurits Pr. van Orange, alle trekken van fyn ſchrift geſchreeven.

263 *dito Portrait de l'Archiduc Albert.*
dito Portrait van den Aartshertog Albertus.

264 *dito Portrait de l'Infante Iſab. Clara Eugenia.*
dito Portrait van d'Infante Iſab. Clara Eugenia.

265 *dito, la S. Cene de Nôtre Seigneur.*
dito het Avondmaal des Heeren.

Portefeuille C.

Des Fleurs, des Fruits, des Oiſeaux, des Quadrupedes, &c. en Mignature, par Van Henſtenburg, & autres.

Portefeuille C.

Bloemen, Fruit, Vogels, Beeſten, &c. Miniatures Van Henſtenburg en andere.

1 *H. Henſtenburg; une Ordonnance très Capitale de Fleurs, avec des Animaux, très-magnifique, ſur du velin.*
H. Henſtenburg, Capitael Bloemſtuk met Beeſten, zeer uitvoerig, op parkem.

2 *dito de la même Grandeur, ſur du velin.*
dito van grootte als voorgaende, parkem.

3 *dito, des Fruits, de la même Grandeur, ſur velin.*
dito Fruiten, dezelve grootte, parkem.

4 *dito un Desert, avec des Serpens, des Papillons, des Cascades, des Perspectives, Merveillleusement travaillé, de la même grandeur, sur du velin.*
dito een Wildernis, met Slang, Capellen, Waterval, Verschiet, Heerlyk uitgevoert, dezelve grootte, parkem.

5 *dito, un Pot a Fleurs, de la même grandeur, sur du velin.*
dito Bloempot, dezelve grootte, parkem.

6 *dito, une Branche d'Arbre en Fleurs, avec des Papillons, sur du velin.*
dito een Bloessem Tak, Capellen, parkem.

7 *dito Branche, avec des Oiseaux, sur du velin.*
dito Bloessem Tak met Vogels, parkem.

8 *George Denis Ebret, très-grande Ordonnance de Fleurs, sur du velin.*
George Denis Ehret, Bloemstuk zeer groot, parkem.

9 *dito Ordonnance de la même grandeur, sur du velin.*
dito Bloemstuk dezelve grootte, parkem.

10 *M. S. Merian, des Fleurs, des Chenilles, des Papillons, sur du velin.*
M. S. Merian, Bloemen, Ruspen, Capellen, parkem.

11 *dito, sur du velin.*
dito, parkem.

12 *dito, Serpens & Fleurs, sur du velin.*
dito, Slangen, Bloemen, parkem.

13 *dito Serpens & Fleurs, sur du velin.*
dito Slangen, Bloemen, parkem.

14 *dito, grand Lezard, sur du velin.*
dito groote Hagedis, parkem.

15 *dito, grand Lezard, sur du velin.*
dito groote Hagedis, parkem.

16 *dito, Animal étranger, sur du velin.*
dito vreemt Ongediert, parkem.

17 *dito Combat de trois Animaux; sur du velin.*
dito Gevegt van drie Dieren, parkem.

18 *J. H. Herolts, Serpent, Papillon, & Branche a Fleurs.*
J. H. Herolts, Slang, Capelle, Bloemtak.

19 { *J. H. Bronkhorst, Fleur.*
J. H. Bronkhorst, Bloem. }

20 dito. 21 dito.
22 dito. 23 dito.
24 dito.

25 { *P. Withoos, dito.*
P. Withoos, dito. }

26 dito.
27 dito.
28 dito.

29 { *dito Fleurs de . . . .*
dito Bloemen van . . . . }

30 dito. 31 dito.
32 dito. 33 dito.

34 { *dito avec des Papillons.*
dito met Capellen. }

35 dito. 36 dito.
37 dito. 38 dito.
39 dito. 40 dito.
41 dito. 42 dito.
43 dito. 44 dito.
45 dito. 46 dito.
47 dito. 48 dito.
49 dito. 50 dito.
51 dito. 52 dito.
53 dito. 54 dito.
55 dito. 56 dito.

57 { *dito une Branche de Chesne.*
dito een Eiken Tak. }

58 { *dito une Branche avec des Fleurs & des Fruits.*
dito Tak met Vrugt en Bloem. }

59 { *dito, & Papillon.*
dito, en Capel. }

60 dito.
61 dito.

62 { *dito Rocho van Veen.*
dito Rocho van Veen. }

63 { *dito de . . . .*
dito van . . . . }

64 *Animaux de Bronkhorst, un Elephant, & un Porc-Epic dans un Paysage.*
Beesten Bronkhorst, een Oliphant en Yzer-Verken, in een Landschap.

65 *dito un Animal Etranger.*
dito Vreemt Gediert.

66 *dito, avec des Mouches.*
dito, met Vliegen.

67 dito.
68 dito.

69 *dito un Singe.*
dito een Aep.

70 *P. Angel, dito Renoceros.*
P. Angel, dito Renoceros.

71 *Gerb. van Veen, dito Insecte Etrangere.*
Gerh. van Veen, dito Vreemd Ongediert.

72 dito.

73 *Van der Ast, dito.*
Van der Ast, dito.

74 *dito, de . . . .*
dito, van . . . .

75 *dito, un Vache.*
dito, een Koe.

76 dito.

77 *Holstein dito, un Animal Quadrupede.*
Holstein dito, een Viervoetig Dier.

78 *dito, un Bouc.*
dito Bok.

79 *dito Animal Etranger.*
dito Vreemd Dier.

80 dito.
81 dito.
82 dito.
83 dito.
84 dito.
85 dito.
86 dito.
87 dito.
88 dito.
89 dito.
90 dito.
91 dito.
92 dito.
93 dito.

94 di-

94 dito.
95 dito.
96 dito.
97 dito.

98 { *dito, Animal de Mer.*
dito Zee Gediert. }

99 dito.
100 dito.
101 dito.
102 dito.
103 dito.

104 { *dito P. Holſtein, Oiſeaux.*
dito P. Holſtein, Vogels. }

105 dito.
106 dito.
107 dito.
108 dito.
109 dito.
110 dito.
111 dito.
112 dito.
113 dito.
114 dito.
115 dito.
116 dito.
117 dito.
118 dito.
119 dito.
120 dito.
121 dito.
122 dito.
123 dito.
124 dito.
125 dito.
126 dito.

127 { *dito des Cocqs, des Poules, & des Poulets de grain.*
dito Haenen, Hoenderen, Kuikens. }

128 dito.
129 dito.
130 dito.
131 dito.
132 dito.
133 dito.
134 dito.
135 dito.
136 dito.
137 dito.
138 dito.
139 dito.
140 dito.
141 dito.
142 dito.
143 dito.
144 dito.
145 dito.
146 dito.
147 dito.
148 dito.
149 dito.
150 dito.

151 { *dito des Oiſeaux du Pays, & des Oiſeaux Etrangers.*
dito Binnen en Buitenlandſe Vogels. }

152 dito.
153 dito.
154 dito.
155 dito.
156 dito.
157 dito.
158 dito.
159 dito.

160 dito.
161 dito.
162 dito.
163 dito.
164 dito.
165 dito.
166 dito.
167 dito.
168 dito.
169 dito.
170 dito.
171 dito.
172 dito.
173 dito.
174 dito.
175 dito.
176 dito.
177 dito.
178 dito.
179 dito.
180 dito.
181 dito.
182 dito.
183 dito.
184 dito.
185 dito.
186 dito.
187 dito.
188 dito.
189 dito.
190 dito.
191 dito.
192 dito.
193 dito.
194 dito.
195 dito.
196 dito.
197 dito.
198 dito.
199 dito.
200 dito.
201 dito.
202 dito.
203 dito.
204 dito.
205 dito.
206 dito.
207 dito.
208 dito.
209 dito.
210 dito.
211 dito.
212 dito.
213 dito.
214 dito.
215 dito.
216 dito.
217 dito.
218 dito.
219 dito.
220 dito.
221 dito.
222 dito.
223 dito.
224 dito.
225 dito.
226 dito.
227 dito.
228 dito.
229 dito.
230 dito.
231 dito.
232 dito.
233 dito.
234 dito.
235 dito.
236 dito.
237 dito.
238 dito.
239 dito.
240 dito.
241 dito.
242 dito.
243 dito.
244 dito.
245 dito.

246 dito.
247 dito.
248 dito.
249 dito.
250 dito.
251 dito.
252 dito.
253 dito.
254 dito.
255 dito.
256 dito.
257 dito.
258 dito.
259 dito.
260 dito.
261 dito.
262 dito.
263 dito.
264 dito.
265 dito.
266 dito.
267 dito.
268 dito.
269 dito.
270 dito.
271 dito.
272 dito.
273 dito.
274 dito.
275 dito.
276 dito.
277 dito.
278 dito.
279 dito.
280 dito.
281 dito.
282 dito.
283 dito.
284 dito.
285 dito.
286 dito.
287 dito.
288 dito.

Porte Feuille D.

Oiſeaux, &c. de Henſtenburg, Bronkhorſt, & autres.

Porte Feuille. D.

Vogels, &c. van Henſtenberg, Bronkhorſt, en andere.

1 *De J. Bronkhorſt, Groupe remplie d'Oiſeaux, & de beaucoup d'Accompagnemens, Pièce Capitale, ſur du velin.*
V. J. Bronkhorſt, Group van Vogels en Bywerk, Capitael Stuk, parkem.

2 *dito, ſur du velin.*
dito, parkem.

3 { *dito, fur du velin.*
dito, parkem.

4 { *dito, fur du velin.*
dito, parkem.

5 { *dito, fur du velin.*
dito, parkem.

6 { *dito, fur du velin.*
dito, parkem.

7 { *dito, Payfage avec des Oifeaux, un Edifice, &c.*
dito Landfchap met Voogels, Gebouw, &c.

8 { *dito, Groupe avec des Oifeaux, & Accompagnemens, fur du velin.*
dito Group, Voogels en Bywerk, parkem.

9 dito. 10 dito.
11 dito. 12 dito.
13 dito. 14 dito.
15 dito. 16 dito.
17 dito. 18 dito.
19 dito. 20 dito.
21 dito. 22 dito.
23 dito. 24 dito.
25 dito. 26 dito.
27 dito. 28 dito.
29 dito. 30 dito.
31 dito. 32 dito.

33 { *dito, un feul Oifeau, & des Branches d'Arbres.*
dito enkelde Voogel met Boom-Takken.

34 dito. 35 dito.
36 dito. 37 dito.
38 dito. 39 dito.
40 dito. 41 dito.
42 dito. 43 dito.
44 dito. 45 dito.
46 dito. 47 dito.
48 dito. 49 dito.
50 dito. 51 dito.
52 dito. 53 dito.
54 dito. 55 dito.

56 { *dito, Henftenburg.*
dito, Henftenburg.

57 di-

57 dito.

58 { *Holstein, Oiseaux Aquatiques.*
   Holstein, Watervoogels.

59 dito. 60 dito.
61 dito. 62 dito.
63 dito. 64 dito.
65 dito. 66 dito.
67 dito. 68 dito.
69 dito. 70 dito.
71 dito. 72 dito.
73 dito. 74 dito.
75 dito. 76 dito.
77 dito. 78 dito.
79 dito. 80 dito.
81 dito. 82 dito.
83 dito. 84 dito.
85 dito. 86 dito.
87 dito. 88 dito.
89 dito. 90 dito.
91 dito. 92 dito.
93 dito. 94 dito.
95 dito. 96 dito.
97 dito. 98 dito.
99 dito. 100 dito.
101 dito. 102 dito.
103 dito. 104 dito.
105 dito. 106 dito.
107 dito. 108 dito.
109 dito. 110 dito.
111 dito. 112 dito.
113 dito. 114 dito.
115 dito. 116 dito.
117 dito. 118 dito.
119 dito. 120 dito.
121 dito. 122 dito.
123 dito. 124 dito.
125 dito. 126 dito.
127 dito. 128 dito.
129 dito. 130 dito.
131 dito. 132 dito.
133 dito. 134 dito.
135 dito. 136 dito.

137 Dito. 138 Dito.
139 Dito. 140 Dito.
141 Dito. 142 Dito.
143 Dito. 144 Dito.
145 Dito. 146 Dito.
147 Dito. 148 Dito.
149 Dito. 150 Dito.

151 { *Dito de W. de Heer, sur du velin.*
Dito V. W. de Heer, Parkem.

152 Dito, parkem. *velin.*
153 Dito, parkem. *velin.*
154 Dito, parkem. *velin.*
155 Dito, parkem. *velin.*
156 Dito, parkem. *velin.*
157 Dito, parkem. *velin.*
158 Dito, parkem. *velin.*

159 { *Dito, G. van Veen.*
Dito, G. van Veen.

160 { *Dito de Withoos, Groupe d'Oiseaux.*
Dito V. Withoos, Group Voogels.

161 { *Dito, une Souris.*
Dito, Muis.

162 { *Roche van Veen, Oiseau.*
Roche van Veen, Voogel.

163 Dito.

Porte Feuille E.

Papillons, & autres Insectes, de Henstenburg, & autres.

Porte Feuille E.

Cappellen en andere Insecten, van Henstenburg en andere.

1 { *Papillon.*
Cappel.

2 Pa-

2 {2 *Papillons, ſur une Feuille.*
2 Cappellen op een Blad.

3 {*J. H. Bronkhorſt, trois Papillons.*
J. H. Bronkhorſt, drie Cappellen.

4 {4 *Papillons.*
4 Cappellen.

5 {4 *Papillons.*
4 Cappellen.

6 {5 *Papillons.*
5 Cappellen.

7 {3 *Papillons.*
3 Cappellen.

8 {4 *Papillons.*
4 Cappellen.

9 {3 *Papillons.*
3 Cappellen.

10 {5 *Papillons.*
5 Cappellen.

11 {5 *Papillons.*
5 Cappellen.

12 {6 *Papillons & Mouches.*
6 Cappellen en Vliegen.

13 {6 *Papillons.*
6 Cappellen.

14 {6 *Eſcarbots.*
6 Scharrebyters.

15 {5 *Papillons.*
5 Cappellen.

16 {4 *Papillons.*
4 Cappellen.

17 {4 *Papillons.*
4 Cappellen.

18 {3 *Papillons.*
3 Cappellen.

19 {8 *Eſcarbots & Mouches.*
8 Scharrebyters en Vliegen.

20 7 *Dito.*
7 Dito.

21 11 *Papillons & Mouches.*
11 Cappellen en Vliegen.

22 9 *Mouches & Abeilles.*
9 Vliegen en Byen.

23 6 *Eſcarbots.*
6 Scharrebyters.

24 7 *Dito.*
7 Dito.

25 4 *Papillons.*
4 Cappellen.

26 Drie dito. *trois dito.*
27 Vier dito. *quatre dito.*
28 Zeven dito. *ſept dito.*
29 Vyf dito. *cinq dito.*
30 Twee dito. *deux dito.*
31 Vyf dito. *cinq dito.*

32 7 *Eſcarbots.*
7 Scharrebyters.

33 7 *Papillons.*
7 Cappellen.

34 Zeven dito. *ſept dito.*
35 Zes dito. *ſix dito.*

36 7 *Papillons & Eſcarbots.*
7 Cappellen en Scharrebyters.

37 *P. Withoos, 8 Papillons.*
P. Withoos, 8 Cappellen.

38 5 *Papillons.*
5 Cappellen.

39 Negen dito. *neuf dito.*
40 Acht dito. *huit dito.*
41 Zeven dito. *ſept dito.*
42 Zeven dito. *ſept dito.*
43 Tien dito. *dix dito.*
44 Acht dito. *huit dito.*
45 Acht dito. *huit dito.*
46 Negen dito. *neuf dito.*
47 Vyf dito. *cinq dito.*
48 Zeven dito. *ſept dito.*
49 Zeven dito. *ſept dito.*
50 Zeven dito. *ſept dito.*
51 Zes dito. *ſix dito.*

52 7 *Eſcarbots & Papillons.*
7 Scharrebyters en Cappellen.

53 {*1 Serpent, 3 Papillons & Escarbots.*
1 Slang en 3 Cappellen en Scharrebyters.

54 Dito.

55 {*8 Papillons.*
8 Cappellen.

56 Zeven dito. *sept dito.*
57 Een dito. *un dito.*

58 {*12 Escarbots & Mouches.*
12 Scharrebyters en Vliegen.

59 Vyf dito. *cinq dito.*

60 {*1 Cerf Volant.*
1 Vliegend Hart.

61 {*Sur du Velin, 10 Papillons.*
Op Parkement, 10 Cappellen.

62 Twaalf dito. *douze dito.*
63 Elf dito. *onze dito.*
64 Elf dito. *onze dito.*
65 Vyf dito. *cinq dito.*
66 Vyf dito. *cinq dito.*

67 {*Roch. van Veen, 3 Gueppes.*
Roch. van Veen, 3 Puiste Byters.

68 {*5 Escarbots & Mouches.*
5 Scharrebyters en Vliegen.

69 Vier dito. *quatre dito.*

70 {*2 Chenilles.*
2 Rupsen.

71 {*4 Chenilles & Mouches.*
4 Rupsen en Vliegen.

72 {*2 Chenilles.*
2 Rupsen.

73 Een dito. *une dito.*
74 Twee dito. *deux dito.*

75 {*7 Insectes.*
7 Insecten.

76 {*8 Araignées.*
8 Spinnekoppen.

77 { 5 *Papillons.*
5 Cappellen.

Livre F.

Un Livre de 70. Feuilles, remplies de plusieurs Papillons & autres Insectes, dessinées & peintes d'après Nature par N. Struyk, en 1709. relié en velin.

Boek F.

Een Boek van 70 Blaeden vol verscheidene Capellen en andere Insecten, geteekent en geschildert na 't Leeven door N. Struyk 1709. Hoorn band.

Livre G.

Livre de Perspective, contenant plusieurs Morceaux très curieusement peints en Detrempe, avec la derniere propreté, & dans lesquels les Règles de cette Science sont observées avec un si grand Soin, & une telle Correction, que la vûë est agreablement frappée du menagement des Jours, des Ombres, & des Couleurs emploiées dans toutes les Representations des diverses Pièces qui composent ce magnifique Recueil, & dont le plus grand nombre se peut reduire en trois Classes.

La Première *représente des Etoiles, des Croix, des Corps Solides, Cubiques, Piramidaux, des Pièces de Charpente diversement emboitées, enchassées; recroisetées, entrelassées les unes dans les autres, portant des Corps Pleins, à Facettes, a Jour, en Etoiles, en Piramide &c.*

La Seconde *fait voir avec admiration des Globes Solides, taillés a Facettes, en Pointes de Diamant, en Etoiles, en* Lo-

Lozange, avec des Cercles de la Sphere, nattez, entrelassez, &c.

La Troisième *partie contient des Piramides Circulaires Poligonales, & revêtues d'Entrelas, de Nattes, de Candelettes, de Cannelures; d'autres taillées à Facettes, en Pointes de Diamant, en Mosaïque &c. Cette curieuse Collection est terminée par la Coupe d'un Escalier à quatre Noyaux, où se distinguent les Repos, les Paliers, les Rampes, les Murs Lateraux, les Portes, les Fenetres &c. Le tout peint avec le dernière perfection en 38 grandes Planches, dont l'exécution fait connoître que ce Chef d'Oeuvre, est sorti des mains d'un Artiste également parfait en Peinture de ce Genre, que sçavant en Perspective. Fol. en veau.*

Boek G.

Een Boek van Perspectif, inhoudende verscheidene Stukken zeer uitvoerig in Waterverf geschildert; in welke de Regulen van de voorschreve Konst zyn waergenomen met zodanige correctheit, dat het gezigt verwondert staet, over de schikking en vloeibaerheit der Lichten, Schaduwen, Coleuren, en Teekening, in alle de Verbeeldingen van dit Werk uitmuntende; het zelve kan voor 't grootste gedeelte geschikt worden in 3 Classen.

De Eerste, verbeeldende Sterren, Kruissen, Corpora Solida, Cubique, Piramidale; verscheidene Stukken Hout, of Timmerwerk op allerhande wyse in en door elkanderen gesllooten en gelast, met Facettes, Doorsigtig, Sterr- en Pyramidaels-gewys, &c.

De Tweede, verbeeldende Solide Globes of ronde Ligchamen, gesneeden met Facettes, Sterren, Ruiten;

met Spherique gevarieerde door elkander gevlogte Banden.

De Derde verbeeldende, allerhande Pyramidale Figuren, zo Rond als Poligonael of Meerhoekig, eenige als vooren, met Facettes, Mosaïq, &c. andere met platte, en gecanneleerde Banden, door elkanderen gevlogten.

Deeze curieuse Collectie word beslooten door een Profil of Doorsnée van een Bordéss-Trap, waer in te sien, de Trappen, Bordessen, Zydmuuren, Deuren, Vensters, &c., alle geschildert in d'uiterste perfectie, op 38 groote Bladen; d'uitvoering van dit Meesterstuk geeft overvloedig te kennen dat het komt uit handen van een Konstenaar, niet min ervaren in de Schilderkonst, als geleert en kundig in de Perspectif. *Folio in Franse band.*

Portefeuille H.

Diverses sortes de Coquillages & Pierres Arborisées, peintes sur du Velin.

Portefeuille H.

Hoorns en Schulpen, en Boomsteenen, alle op Pergament.

1 { *Une Feuille sur la quelle il y a 7. Coquillages*
Een Blad waer op 7 Hoorns.

2 Zeeven-en-twintig dito. *vingtsept dito.*
3 Twaalf dito. *douze dito.*
4 Agt dito. *huit dito.*
5 Tien dito. *dix dito.*
6 Twaalf dito. *douze dito.*

7 Zestien

7 Zeſtien dito. *ſeize dito.*
8 Negentien dito. *dix-neuf dito.*
9 Vyf dito. *cinq dito.*
10 Agtien dito. *dix-huit dito.*
11 Twaalf dito. *douze dito.*
12 Veertien dito. *quatorze dito.*
13 Agt dito. *huit dito.*
14 Twaalf dito. *douze dito.*
15 Vyf dito. *cinq dito.*
16 Vyftien dito. *quinze dito.*
17 Twe-en-twintig dito. *vingt-deux dito.*
18 Drie dito. *trois dito.*
19 Zeeventien dito. *dix-ſept dito.*
20 Veertien dito. *quatorze dito.*
21 Zeſtien dito. *ſeize dito.*
22 Tien dito. *dix dito.*
23 Dertien dito. *treize dito.*
*23 Negentien dito. *dix-neuf dito.*
24 { 15 *Coquilles.*
15 Schulpen. }
25 Veertien Dito. *quatorze dito.*
26 Vyftien dito. *quinze dito.*
27 Elf dito. *onze dito.*
28 Dertien dito. *treize dito.*
29 Veertien dito. *quatorze dito.*
30 Tien dito. *dix dito.*
31 Zeventien dito. *dix-ſept dito.*
32 Zeſtien dito. *ſeize dito.*
33 Tien dito. *dix dito.*
34 { 12 *Coquilles ou Productions de Mer.*
12 Schulpen of Zeegewaſſen. }
35 { 17 *Differentes ſortes de Coquilles.*
17 Hoorns en Schulpen. }
36 { 12 *Productions Marines.*
12 Zéegewaſſen. }
37 Agtien dito. *dix-huit dito.*
38 { 15 *Dito & Coquilles.*
15 Dito en Schulpen. }
39 { 15 *Mineraux.*
15 Mineraelen. }

40 { 12 *Cristaux de Roche.*
12 Berg Cristallen.

41 { 15 *Pierres & Plantes Souterraines.*
15 Steenen en onderaerdse Gewassen.

42 { 8 *Petrifications de Poissons & Coquilles.*
8 Gepetrificeerde Visschen en Schulpen.

43 { 31 *Pierres Arborisées.*
31 Boomsteenen.

44 { 13 *Agates & Pierres Arborisées.*
13 Agaeten en Boomsteenen.

45 { 1 *Coquille & 4 Insectes.*
1 Hoorn, en 4 Insecten.

46 { 1 *Dito sur le Papier.*
1 Dito op Papier.

47 Een dito. *un dito.*
48 Een dito. *un dito.*
49 Een dito. *un dito.*
50 Een dito. *un dito.*
51 Een dito. *un dito.*
52 Een dito. *un dito.*
53 Een dito. *un dito.*
54 Een dito. *un dito.*
55 Een dito. *un dito.*
56 Een dito. *un dito.*
57 Een dito. *un dito.*
58 Een dito. *un dito.*
59 Een dito. *un dito.*

Livre

Livre I.

Un Livre avec 14 Vuës, prises sur le Rhin, Peintes d'après Nature en Detrempe, avec les Noms des Endroits qui y sont representez.

Boek I.

Een Boek met 14 Ryngezigten na 't Leeven in Waterverf, met de Namen der Plaetsen, Franse Band.

Portefeuille K.

Desseins Orientaux en Couleurs, représentant des Assemblées, des Portraits, & autres Sujets.

Portefeuille K.

Oost-Indise Teekeningen in Coleuren, verbeeldende Gezelschappen, Portraiten en andere.

1 { *Assemblée.*
Gezelschap.

2 Dito.

3 { *Dito, Portrait jusques aux Pieds.*
Dito, Portrait tot de Voeten toe.

4 Dito.
5 Dito.
6 Dito.

7 { *Dito, une Assemblée & quelques Edifices.*
Dito Gezelschap met Gebouwen.

8 Dito.
9 Dito.

10 *Dito Portrait.*
Dito Portrait.

11 Dito.

12 *Dito, une Fleur d'une Ordonance singuliere.*
Dito een Bloem van singuliere Ordonnantie.

13 Dito Figuur.
14 Dito.
14 Dito.
16 Dito.

17 *Dito, une Chasse.*
Dito een Jagt.

18 Dito.
19 Dito.
20 Dito.
21 Dito.

22 *Dito, des Femmes qui se baignent.*
Dito badende Vrouwen.

23 *Dito, Combat d'Animaux.*
Dito Dieren Gevegt.

24 *Dito, Chasse aux Elephants.*
Dito Oliphants Jagt.

25 *Dito, Portrait jusques aux Pieds.*
Dito Portrait tot de Voeten.

26 *Dito, une Assemblée de Dames.*
Dito Gezelschap van Vrouwen.

27 Dito.
28 Dito.
29 Dito.
30 Dito.

31 *Dito, des Elephants.*
Dito Oliphanten.

32 *Dito, une Assemblée.*
Dito Gezelschap.

33 Dito.
34 Dito.
35 Dito.
36 Dito.
37 Dito.

38 Di-

38 Dito.
39 Dito.
40 *Dito, Portrait jusques aux Pieds.*
Dito Portrait tot de Voeten.
41 Dito.
42 Dito.
43 *Dito, une Assemblée.*
Dito Gezelschap.
44 Dito.
45 Dito.
46 *Dito, une Compagnie a Cheval.*
Dito te Paerd,
47 *Dito, une Assemblée.*
Dito Gezelschap.
48 Dito.
49 Dito.
50 Dito.
51 Dito.
52 Dito.
53 *Dito, Portrait.*
Dito Portrait.
54 *Dito Assemblée.*
Dito Gezelschap.
55 *Dito Portrait.*
Dito Portrait.
56 Dito.
57 *Dito, un Roi a Cheval, & quantité de Figures.*
Dito, een Koning te Paerd, vol Beelden.
58 *Dito, une Chasse aux Lions.*
Dito Leeuwen Jagt.
59 *Dito la Marche d'un Roi sur un Elephant, & quantité de Figures.*
Dito Marsch van een Koning op een Oliphant, vol Beelden.
60 *Dito, un Portrait.*
Dito een Portrait.
61 Dito.

62 Dito.
63 Dito.
64 Dito.

65 *Dito une Assemblée.*
Dito Gezelschap.

66 Dito.
67 Dito.
68 Dito.

69 *Dito, le Tamerlan sur son Thrône, entouré de ses Courtisans, avec leurs Noms.*
Dito Tamerlan op zyn Throon, daar neevens Hovelingen, met haare Namen beschreeven.

70 *Dito, un Sultan avec ses Courtisans.*
Dito, een Sultan en zyne Hovelingen.

71 *Dito, comme ci-dessus.*
Dito als vooren.

FINIS.

www.ingramcontent.com/pod-product-compliance
Lightning Source LLC
La Vergne TN
LVHW021635170726
843501LV00007B/2234

* 9 7 8 2 3 2 9 6 4 7 6 4 7 *